Couvertures supérieure et inférieure
manquantes

PARIS NOUVEAU

JUGÉ

PAR UN FLANEUR

PARIS. — IMPRIMÉ CHEZ JULES BONAVENTURE,
55, QUAI DES GRANDS-AUGUSTINS.

PARIS NOUVEAU

JUGÉ

PAR UN FLANEUR

PARIS

E. DENTU, ÉDITEUR, 17, GALERIE D'ORLÉANS

———

1868

PARIS NOUVEAU

JUGÉ

JUGÉ PAR UN FLANEUR

PREMIÈRE PARTIE

Pour la clarté de ce travail, il me faut, avant d'arriver au présent, jeter un coup-d'œil sur le passé.

Je dois rappeler le plus brièvement possible les phases étonnantes par lesquelles, depuis dix-sept ans qu'elle est commencée, a passé la transformation de la ville de Paris.

Cette transformation radicale est sans précédent. C'est en vain qu'on chercherait dans l'histoire de toutes les capitales du passé et du temps présent l'exemple d'une activité comparable à celle qui a présidé et présidera longtemps encore, il faut l'espérer, aux travaux gigantesques accomplis sous nos yeux.

Je crois parfaitement inutile de rappeler tous ces travaux, car, pour le faire d'une façon complète, il faudrait entreprendre une énumération qui comprendrait des volumes. Nous connaissons d'ailleurs tous ces changements qui se sont opérés avec une célérité presque magique. Nous avons vu disparaître comme par enchantement ces rues étroites et sales, ces cloaques sans air, dans lesquels on était étonné de ne pas rencontrer des truands, et vu surgir sur leurs ruines de vastes boulevards et de grandes voies de communication.

La ville fut attaquée sur tous les points avec une audace et une décision tout à fait surprenantes. Les habitants de Paris, je ne dis pas les Parisiens, et j'expliquerai pourquoi, contemplèrent ce phénomène d'activité qui consistait à conduire de front et sans confusion des percements de rues et de boulevards, la création de promenades, de jardins et de squares, et l'édification de palais, d'églises, d'écoles, d'hôpitaux, de salles d'asile, de halles, de marchés, de théâtres et de maisons par centaines. J'allais oublier dans cette liste ces travaux encore plus étonnants, exécutés sous terre, où existe maintenant une ville invisible, unique dans le monde, et plus curieuse que la ville visible que nous habitons.

Il y a, en effet, sous Paris, un autre Paris, plus compliqué que le labyrinthe de la Fable, dans lequel les conduits qui nous apportent la lumière et l'eau s'entrecroisent de la façon la plus ingénieuse avec les souterrains et les égoûts où vont s'engloutir les immondices de la grande cité (1).

Cette transformation de Paris fut décrétée subitement. Elle étonna tout d'abord ceux qui n'en saisissaient ni l'urgence, ni l'inévitable nécessité. Elle étonna d'autant plus, qu'elle venait tout à coup substituer le règne du progrès à celui de la plus inconcevable stagnation. Je ne serai contredit par personne en disant que sous le gouvernement de Juillet on avait bien peu travaillé aux embellissements de Paris. Il y a des esprits extrêmes qui attribuent cette négligence ou cet oubli au régime politique.

1. Il serait à désirer qu'on publiât une carte topographique de ce Paris souterrain, indiquant les ramifications infinies des égouts et des conduites d'eau et de gaz, et qu'on signalât sur cette carte les prodiges que durent accomplir les ingénieurs pour improviser des pentes et vaincre les obstacles opposés par le sol.

Ces esprits, à tort ou à raison, disent qu'il y a deux sortes de gouvernements : ceux qui parlent sans agir, et ceux qui agissent sans parler.

On parlait beaucoup sous le gouvernement de Juillet, et on perçait bien peu de rues. On considérait alors la rue de Rambuteau, qui n'est plus guère à présent qu'une ruelle, comme une folie et une orgie de l'administration des ponts et chaussées. On ne songeait pas à achever le Louvre, et on laissait debout, sur la place du Carrousel, ce tenace hôtel de Nantes. On ne songeait pas davantage à nettoyer et à assainir les abords de ce vieux Louvre auquel on ne pouvait arriver qu'en traversant des rues émaillées d'échoppes de savetiers, à la devanture desquelles toutes les vieilles bottes du monde semblaient s'être donné rendez-vous. Quant à la place du Carrousel, elle n'était pas plus fastueuse, et elle semblait appartenir sans partage à des marchands de perroquets, de coquillages de mer et de cartes de géographie qui en avaient absorbé tout l'espace.

Il en était à peu près de même partout. Les rues étaient étroites, et les halles, où s'apportent chaque jour les vivres indispensables aux habitants, formaient une sorte de cloaque inabordable et malsain, dans la fange duquel se débattaient d'intéressants travailleurs. Le bois de Boulogne, où c'était déjà la mode d'aller se promener et de faire parader des équipages, était inculte. Il n'y avait pas une allée dans laquelle une voiture pût passer sans danger. Les ronces s'entrecroisaient au-dessus des ornières, de façon à faire croire qu'on ne soupçonnait pas dans ces parages l'existence des bûcherons et des jardiniers.

Je pourrais en écrire bien long sur le délabrement et le défaut d'entretien de Paris, qui, à côté des monuments remarquables auxquels il devait depuis des siècles sa célébrité, présentait sur presque tous les points l'aspect de la Cour des Miracles.

Si je rappelle un passé que nous ne reverrons heureusement plus, si j'évoque ses nudités et ses laideurs, c'est afin de faire apprécier à leur juste valeur les magnifiques choses qu'on leur a substituées. Ce n'est point là, ainsi qu'on pourrait le croire, une précaution inutile, car, à cette heure encore, Paris fourmille d'esprits légers ou partiaux, prêts sinon à contester, tout au moins à amoindrir le mérite de ceux qui ont opéré cette métamorphose.

Il y a des problèmes qui se posent d'eux-mêmes, à l'insu de ceux qui seront chargés de les résoudre. Ils se dressent fatalement et demandent une solution immédiate. Je serais tenté de dire qu'il était écrit dans le livre du Destin que l'avénement de Napoléon III mettrait à l'ordre du jour les questions les plus importantes et les plus délicates, et que ce serait au génie de ce souverain qu'on demanderait ces solutions que ses prédécesseurs avaient pu ajourner sans péril. L'Empereur, forcé d'accepter une situation qu'il n'avait pas faite, dut aviser aux moyens de résoudre ces problèmes qui se posaient non par la faute de personne, mais en vertu de la marche du temps et du progrès.

Le problème de l'embellissement, ou, pour parler plus exactement, de la régénération de Paris, se posa vers 1852. Jusquelà, il avait été possible de laisser cette grande ville dans son état de délabrement, mais à ce moment il fallut aviser. Il en était ainsi parce que, par une coïncidence fortuite, la France et les nations environnantes achevaient la construction des grandes lignes de voies ferrées qui sillonnent l'Europe.

Paris jusqu'alors se trouvait très-éloigné de Londres, de Berlin, de Vienne et de Saint-Pétersbourg ; il n'en était pas moins déjà la capitale de la civilisation et le centre le plus attractif. Mais protégé par la distance et par la cherté, l'incommodité et la lenteur des moyens de transport, on ne devait voir en lui qu'une terre promise accessible seulement aux élus et aux privilégiés. L'achèvement des chemins de fer et la création des services de bateaux à vapeur changeait donc, ainsi que je l'ai indiqué, brutalement cet état de choses, et assignait à Paris un rôle tout nouveau comportant des ressources et des dimensions dont il était dépourvu. Cet achèvement, disons le mot, l'exposait à l'invasion pacifique et lucrative des étrangers qui allaient affluer dans ses murs. On conviendra que la menace de cette invasion était bien faite pour inquiéter, alors que Paris se trouvait à la veille de n'être plus défendu par la distance, puisqu'on pouvait désormais y venir, de Londres en dix heures, de Berlin en deux jours, de Vienne en trois jours, de Pétersbourg, de Florence et de Madrid en cinq jours, et de New-York en douze jours.

La statistique a déjà prouvé que les chemins de fer et les bateaux à vapeur de tous les pays ont une station commune vers laquelle viennent converger tous les courants, et que cette station s'appelle Paris. Sa population flottante dépasse de beaucoup celle des autres capitales. Si de tous les coins du globe on va dans la cité de Londres pour faire du négoce et toucher des chèques, à Rome pour assister aux pompes religieuses, des quatre points cardinaux on vient à Paris pour s'y amuser et jouir du spectacle de ses splendeurs et de ses enchantements. Mercier a dit un mot très-dur contre Paris, dans ce livre « pensé, dit-on, dans la rue, et écrit sur la borne, » quand il l'a appelé *la guinguette de l'Europe.* Il est à présent la guinguette du monde entier. Guinguette, soit! mais j'avoue que Paris peut à juste titre se croire bien vengé de cette familiarité par le respect et la déférence avec lesquels tout ce qui pense, tout ce qui est intelligent vient briguer son suffrage, solliciter son attention, lui demander le baptême de la consécration et accepter les décisions de cet arbitre suprême.

Cette destinée nouvelle que l'achèvement des chemins de fer préparait à Paris fut admirablement comprise et devinée par le Gouvernement de l'Empereur. Le chef de l'État, avec une décision et une promptitude qui font honneur à sa sagacité politique, résolut la régénération complète de la capitale, et une fois ce vaste projet bien arrêté, il chargea M. le baron Haussmann, préfet de la Seine, de procéder à son exécution.

Sans me perdre dans des divagations inutiles que je m'efforce au contraire d'éviter dans ce travail, je dois, pour faire bien comprendre les complications, les périls, les délicatesses et les difficultés de cette gigantesque tâche, entrer dans quelques détails, et rendre compte, si faire se peut, des hésitations qui durent surgir tout à coup dans le cerveau de M. le baron Haussmann.

Le problème et la responsabilité se résumaient pour lui de la façon suivante : On lui livrait une capitale étroite, délabrée, insuffisante pour ses habitants, incommode, insalubre, encombrée par ces embarras datant de Boileau, qui en avait fait le sujet d'une de ses satires. Il fallait, non pas sur un point désigné de la ville, mais dans ses innombrables quartiers, remédier à ces sérieux inconvénients, rendre la capitale agréable à ses habitants, puis agrandir l'espace que s'apprêtaient à demander les étrangers qu'on entrevoyait déjà à l'horizon.

Le préfet comprit tout de suite l'énormité de cette entreprise. Il déroula le plan de Paris, le médita longuement et prit alors ce parti décisif de sillonner de part en part la ville par de grandes artères, dont la place serait conquise sur l'emplacement occupé par ces rues étroites, insalubres et tortueuses datant du moyen-âge. Paris, comme toutes les autres grandes villes devenues des capitales, fut fondé sans préméditation. Il s'agrandit sans que l'ordre ou la logique présidassent à son développement, et sans se soucier des obstacles que les fantaisies de sa croissance créaient dans l'avenir pour celui qui voudrait, par un remaniement général, le mettre à la raison, le régulariser et favoriser l'essor de son activité.

M. le préfet de la Seine, par la mission que lui confiait l'Empereur, se trouvait donc chargé de remédier à tous les malentendus du passé, et de pallier, à l'aide, tantôt d'expédients habiles, tantôt de solutions radicales, ces imprévoyances et ces fautes, qui dans la plupart des grandes cités, et à Paris surtout, ont condamné de nombreuses générations à manquer d'air et de soleil, à vivre entassées dans des cloaques obscurs, et à se priver des bien-faits de l'espace que le Créateur a si libéralement accordé au genre humain.

M. Haussmann ne se mit à l'œuvre qu'après avoir bien étudié les courants de Paris, c'est-à-dire (qu'on me pardonne cette image) les courants produits par les flots de passants, qui, par des causes et des motifs d'une énumération impossible, ont cou-tume de se porter régulièrement et périodiquement d'un point de la ville vers un autre point. Il va sans dire qu'il tint compte des courants nouveaux déterminés dans Paris par ces déversoirs de passants qu'on appelle les gares de chemins de fer.

Une fois cette carte de *l'ambulation* dressée, il en appliqua les lignes sur le plan de Paris, et de cette façon, guidé par cette louable intention de substituer pour le passant la ligne droite aux sinuosités, aux zigzags, aux crochets qu'il lui fallait accom-plir dans ses courses, il découvrit les quartiers qui devaient dis-paraître, afin de ne plus gêner les besoins, le caprice, l'instinct ou la fantaisie des passants.

Ce ne furent donc ni le hasard, ni l'inconnu, ainsi qu'on a quelquefois tenté de l'insinuer malignement, qui ont déterminé M. le préfet de la Seine à désigner les maisons disparues au mar-teau des démolisseurs. L'expérience a tout de suite démontré qu'en perçant le boulevard de Sébastopol, la rue Lafayette, le bou-levard Haussmann, la rue Turbigo, et tant d'autres grandes ar-tères, on conjurait, on évitait ces encombrements de passants et de voitures qui autrefois se produisaient à tout instant. L'ex-périence que j'invoque a même donné trop raison à M. le préfet de la Seine. Au début de sa tâche, alors qu'il montrait les plans préparés, d'après ses indications, aux ingénieurs, aux archi-tectes et aux conseillers avec lesquels il collaborait, on lui re-prochait d'assigner aux rues trop de largeur, et de trop prodi-guer les boulevards. Ceux qui formulaient ces scrupules sont aujourd'hui désabusés, et diraient que si ces rues et ces boulevards ont un défaut, c'est celui de n'être pas assez larges, puisqu'ils ne suffisent déjà plus à éviter ces encombrements qui nous arrêtent encore trop souvent dans nos pérégrinations à travers la capitale.

Le préfet, dès le début de sa magnifique campagne, voyait juste. Il pressentait l'augmentation subite et inévitable de la population, l'augmentation du nombre des voitures, qui a plus que quintuplé ; il prévoyait en un mot ce va-et-vient considérable d'étrangers arrivés des cinq parties du monde, qui, à l'heure présente, bien que n'étant pas des Parisiens, n'en tiennent pas moins une place considérable dans la cité.

En procédant à ces amputations, il y avait de très-grands ménagements à garder. S'il était permis de démolir sans scrupules de vieilles masures sans souvenir, il devait être, par contre, défendu de toucher aux monuments auxquels se rattachaient des souvenirs historiques. Il fallait imaginer des tracés respectant ces monuments. Ce scrupule a été religieusement observé en toute occasion. Je citerai comme exemple la tour Saint-Jacques qu'on peut aujourd'hui visiter, et qui n'est plus comme autrefois perdue et engloutie au milieu des masures, des échoppes et des ruelles qui en défendaient l'accès. Je citerai également le palais des Thermes de Julien et les restes de Cluny, que tous les promeneurs visitent et admirent, et qui, avant l'ouverture du boulevard Saint-Michel, étaient cachés dans un dédale inextricable de petites rues.

Il importe de mettre en relief l'impartialité dont ne s'est jamais départi M. le préfet de la Seine dans la répartition des embellissements et des améliorations. Tous les quartiers de la capitale ont été traités avec la même sollicitude, avec un même dévouement à leurs intérêts et à leurs légitimes prétentions. Dans l'ensemble de ses travaux le préfet a même songé à l'avenir. S'il a multiplié les boulevards et les grandes artères aux alentours de l'arc de l'Étoile, c'est parce qu'il sait que dans tous les

temps et sous toutes les latitudes, les grandes villes se sont toujours portées de l'est à l'ouest. Paris lui-même incline, coule,
penche vers l'ouest en vertu d'une loi inconnue : or, en le sillon-
nant de nombreux boulevards dans cette direction, on a très-
ingénieusement conjuré dans l'avenir les agglomérations et les
cloaques.

Tous les esprits impartiaux qui jugent sans passion et sans
parti pris ce qu'on a fait à Paris depuis quinze ans, et ce que
l'on prépare en ce moment, rendent justice complète à cette
vaste et gigantesque conception. Ils ne voient aucune analogie
entre l'armée des travailleurs dont on s'est servi pour exécuter
ces travaux, et ce qu'on appelait en 1848 les ateliers nationaux.
Ce rapprochement ridicule, inspiré par l'envie et le dénigrement,
n'a d'ailleurs plus de succès : on y a renoncé.

On sait parfaitement que si on a démoli des maisons, on en a,
depuis dix ans, restitué un bien plus grand nombre à la population. Si le prix des logements s'est élevé, cela tient à la plus-va-
lue générale qu'ont acquise toutes les choses. Il y a là un signe
de richesse publique, et non l'indice d'une gêne.

Paris est d'ailleurs devenu une sorte de Minotaure qui à l'heure
présente augmente le salaire et le bien-être de ceux qui n'ont
même jamais franchi le seuil de ses portes, puisque chaque jour
des messagers de la grande ville s'en vont sur les plus petits marchés, jusque dans les hameaux, chercher des fruits, des légumes,
de la volaille, du poisson et du gibier, qu'ils ne parviennent à
emporter avec eux qu'à la condition de les payer plus cher que
les habitants du pays.

Voilà plus de quinze ans que M. le préfet de la Seine est sur
la brèche sans s'être reposé un seul instant. Tout n'est pas rose
dans ses fonctions. Il habite le palais municipal, mais dans ce
palais il est le plus occupé des Parisiens. Si on pouvait plonger
le regard dans le cabinet de M. Haussmann, on serait étonné de
la somme de travail que sait accomplir chaque jour cette puis-

sante organisation. Il lui faut administrer son département, travailler avec l'Empereur et les ministres, visiter les chantiers, s'entendre avec les ingénieurs, discuter les plans, se défendre contre la presse, recevoir les administrés qui sollicitent des audiences, faire les honneurs de Paris aux souverains et aux princes étrangers ainsi qu'aux notables de la cité, préparer les budgets de son administration, improviser des toasts et des discours, procéder aux inaugurations, paraître aux fêtes officielles, disserter à tout instant sur les sujets les plus graves, les plus délicats et les plus opposés. Le temps inflexible dans sa marche n'allonge pas d'une seconde les journées pour ces grands travailleurs qui, selon moi, payent plus qu'ils ne valent les honneurs et la célébrité.

Le préfet possède cette qualité bien rare de savoir supporter avec calme la critique, la discussion et même la contradiction. Je n'entreprends pas ici sa biographie, j'ai voulu seulement esquisser la figure de cette grande et curieuse personnalité.

Dans l'ardeur des discussions parlementaires il a été souvent mis en cause. Un spirituel orateur a même essayé de faire de son nom un verbe.... actif, à coup sûr.

On sait ce qu'on veut dire quand on parle d'*haussmanniser* une ville. Je ne vois, pour ma part, qu'un hommage dans cette plaisanterie. Les noms de Descartes, de Voltaire et de Mariveaux, ont produit trois substantifs : le *cartésianisme*, le *voltairianisme* et le *marivaudage*. M. Haussmann, lui, a donné son nom à un verbe qui, ainsi qu'on le sait, est plus que le substantif, puisqu'il est l'âme du discours.

Avant d'arriver à la seconde partie de mon travail, dans laquelle je vais essayer de dire les réformes que réclame une ville unique dans le monde, comme est le Paris que M. le baron Haussmann léguera à l'avenir, je prends la liberté de lui adresser une requête. Les armes de la ville de Paris décorent tous les grands salons du palais municipal : or, je voudrais que dans cet écu, où figure seul le vaisseau qui *fluctuat nec mergitur*, on ajoutât deux pièces rappelant sainte Geneviève et Jeanne d'Arc, les deux héroïnes qui, à deux époques différentes, sauvèrent Paris. Il me semble qu'on pourrait, sans ternir le blason de la ville, flanquer son vaisseau de la houlette de la bergère et de l'oriflamme de la pucelle.

DEUXIÈME PARTIE

<div style="text-align:center">~~~~~~</div>

J'ai indiqué rapidement, dans la première partie de ce travail, sous l'influence de quelles préoccupations le magistrat éminent chargé par l'Empereur de l'administration de la ville de Paris avait dû songer à sa régénération, et l'approprier à la destinée nouvelle qui s'apprêtait pour elle. J'ai essayé d'embrasser dans ses détails infinis ce vaste problème, à la solution duquel on travaille depuis près de 17 ans, et en même temps j'ai tenté de montrer avec quelle sollicitude de tous les intérêts légitimes on avait procédé à cette transformation de la capitale. J'ai évité, et je continuerai d'éviter, de me perdre dans les détails arides de la statistique, préférant invoquer, pour fortifier mes assertions, ces témoignages évidents qui sautent aux yeux de tous ceux qui parcourent la belle et grande ville, qui est venue peu à peu prendre la place de l'ancienne.

Les faits n'ont point tardé à justifier l'urgence et la nécessité qu'il y avait, après l'achèvement des chemins de fer, à mettre

3

Paris en état de contenir les myriades d'étrangers qui allaient faire invasion dans ses murs. Si les voyageurs et les touristes ne font que des apparitions dans les capitales des autres pays, ces mêmes voyageurs stationnent à Paris et y restent le plus longtemps qu'ils peuvent. Ainsi s'expliquent l'animation et le tumulte qui règnent sans cesse dans cette vraie capitale du monde civilisé. Je me sers à dessein de cette qualification, la seule qui convienne à cette ville unique dans le monde, et qui sous quelqu'aspect qu'on la considère, éclipse et distance toutes les rivales qu'on voudrait lui opposer.

Malgré mon vif désir de marcher rapidement vers la conclusion de ce travail, il me faut ici entrer dans quelques détails, et préciser, s'il se peut, ce qu'est Paris, qualifié tantôt de nouvelle Athènes, tantôt de moderne Babylone.

On pourrait appliquer à Paris un échafaudage d'adjectifs semblables à celui que le mariage de Lauzun fit construire à Madame de Sévigné. C'est tout à la fois la ville la plus grave et la plus frivole, la plus agitée et la plus calme, la plus écervelée et la plus studieuse, la plus paresseuse et la plus affairée, la plus douce et la plus rebelle, la plus riche et la plus pauvre, la plus prodigue et la plus avare. Il en est ainsi parce qu'elle est un composé de mondes divers qui s'ignorent et se coudoient.

Politiquement elle joue le premier rôle, et quand elle éternue, toute l'Europe est enrhumée. Cet Allemand spirituel qui se nomme Henri Heine défiait, dans son livre de *Lutèce*, les journaux de son pays de paraître, si on les privait du secours de leurs correspondants à Paris.

Commercialement, sa Bourse est le premier marché, celui dont on se préoccupe d'abord sur toutes les places du monde.

Scientifiquement, c'est au sein de ses académies, et parmi ses savants et ses lettrés, que s'élaborent et que surtout se vulgarisent toutes les grandes découvertes. Une question n'est claire 'après avoir passé par Paris.

Socialement, économiquement parlant (je demande pardon de tous ces longs adverbes), on lui doit toutes les réformes, toutes les initiatives.

Littérairement, elle est à la tête du mouvement intellectuel. Les lettres, la poésie, la musique, la peinture et la sculpture y sont honorées plus que partout ailleurs. A côté de la foule qui a fait dans ces derniers temps un grand succès à des œuvres médiocres et à des vulgarités sans nom, il y a, il ne faut pas l'oublier, une élite incomparable composée des patriciens de l'esprit qui lui ont mérité et lui mériteront toujours d'avoir la primeur des chefs-d'œuvre. Meyerbeer, Rossini et Verdi l'ont préférée à l'Allemagne et à l'Italie.

Ses théâtres font vivre ceux de toutes les nations, ses artistes parcourent le monde au milieu des ovations, et quand ailleurs naît un grand talent, vite il s'empresse de venir briguer son suffrage. Ses modes règnent despotiquement partout.

Enfin elle est si grande qu'elle est souvent méconnue par ceux qui la font ce qu'elle est. Les dévots qu'elle renferme ignorent son carnaval, autant que ses viveurs soupçonnent peu son carême. Il faudrait, pour l'embrasser dans ses contrastes violents et dans ses aspects exclusifs, l'observer du sommet des tours de Notre-Dame. Là seulement on pourrait constater que le genre humain y a délégué un échantillon de tous les originaux, un spécimen de toutes les vertus et de tous les vices.

Ce rôle dominateur que Paris a su prendre dans le monde civilisé, et qu'il conservera pendant longtemps, exigeait, cela n'est pas douteux, pour être exercé, les améliorations poursuivies depuis dix-sept ans, et qui en ce moment marchent rapidement vers leur complet achèvement.

Hélas! qui aurait pu supposer qu'on rencontrerait des esprits excellents dont je ne voudrais ni amoindrir la valeur, ni méconnaître le mérite, qui viendraient résolûment contester, sinon les améliorations en elles-mêmes, tout au moins la façon dont elles auraient été réalisées? Je prévois que ce que je vais dire ne sera pas du goût de tout le monde; et si je formule sans embarras toute ma pensée, c'est parce que je sais que mes adversaires sont des libres penseurs qui, toutes les fois qu'ils parlent ou qu'ils écrivent, proclament comme un droit incontestable la faculté de tout discuter. Je ne les chagrinerai donc sûrement pas en venant défendre ce qu'ils ont combattu, et combattre ce qu'ils ont conseillé.

L'administration de M. le préfet de la Seine, dont un passant comme moi ne saurait être le défenseur, a été, malgré ses bonnes intentions prouvées par tant de faits concluants, critiquée avec un acharnement qui en bien des occasions présentait tous les caractères du parti pris. Pour se formuler, ces critiques ont revêtu toutes les formes. Les unes ont été faites dans les divers organes de la presse, d'autres sont allées, comme pétitions, frapper à la porte du Sénat, d'autres enfin ont pris une place considérable, et j'ajouterai légitime, dans les débats du Corps législatif. Je mentionnerai, pour mémoire, celles qui se sont produites dans les conversations frondeuses des Parisiens et des provinciaux.

Mon intention, quant à présent, n'est pas d'apprécier ce qu'il peut y avoir de fondé dans ces innombrables critiques. Je me borne à les prendre dans leur ensemble, et alors il m'est permis d'en conclure que, si avant de se mettre à l'œuvre la volonté formidable et puissante qui a régénéré Paris et préparé la ville que l'avenir réclame en avait tenu compte, elle aurait imité ceux qui l'avaient précédée, et aurait comme ceux-là prolongé le *statu quo*. M. Romieu, «ce bambocheur» qui, selon l'expression de l'austère Royer-Collard, était destiné avec ses pareils à devenir plus tard l'espoir de la France, et qui, pour sa part, a confirmé cette prophétie, a très-spirituellement signalé le péril que la discussion à tout propos pouvait parfois faire courir aux grandes œuvres. « Si, disait- « il, la création avait été mise en discussion, le chaos existerait « encore. » Eh bien, je n'hésite pas à dire que si le préfet de la

Seine n'avait pas été investi, comme il l'a été par la sagesse de l'Empereur, d'une initiative absolue, s'il n'avait pas jugé les choses avec cette hauteur de vue qui le caractérise, s'il avait permis que des considérations d'un ordre secondaire pussent à un degré quelconque modérer les élans de sa résolution, s'il avait été, comme sous le gouvernement de Juillet, arrêté par les hésitations et les rivalités d'un conseil municipal bataillant pour des intérêts de clocher et de quartier, il n'aurait pu suffire à sa tâche ; et à la place du magnifique Paris qui se déroule sous nos yeux, nous ne posséderions encore, à l'heure qu'il est, qu'une cité ridicule qui aurait vu la prospérité dont elle jouit lui échapper, et profiter à une de ses rivales. C'est là ma conviction profonde ; mon siége est fait, et d'avance je crois pouvoir récuser la portée de tous les arguments auxquels les esprits captieux et subtils tenteraient d'avoir recours pour me démontrer le contraire.

Ces arguments, je vais d'ailleurs les faire connaître, car depuis plusieurs années on les a produits de tous les côtés et sur tous les tons. Je ne tiendrai compte que des plus sérieux et des plus graves.

J'ai lu, dans un livre qui a obtenu l'année dernière un très-grand succès, qu'on avait élargi les rues de Paris afin de permettre aux idées de circuler, et surtout aux régiments de défiler. Cette malignité équivaut à dire, après d'autres, que Paris a été stratégiquement embelli. Eh bien, soit. Quand cela serait vrai, et je ne dis pas que cela le soit, où serait le mal, que des casernes, des places et des voies spacieuses aient pris la place de ces petites rues étroites et tortueuses où les barricades s'élevaient si facilement ? Sous le régime du suffrage universel, c'est avec son bulletin de vote, et non avec son fusil, qu'un citoyen, s'il croit ses droits méconnus, doit protester. Si ces luttes fratricides, qui sont les deuils de l'histoire, ne pouvaient plus se reproduire, j'applaudirais des deux mains, et je n'hésiterais pas à proclamer l'embellissement stratégique le plus admirable des embellissements. Celui qui a insinué cette idée a donc en réalité commis une naïveté bien plus qu'une ironie.

Il est un autre reproche bien plus grave, auquel on a sans cesse recours quand on a échoué en se servant des autres. On prétend que M. le préfet de la Seine a gaspillé les finances de la ville et qu'il l'a obérée d'une façon inquiétante. Mon intention n'est pas de m'aventurer dans l'examen des budgets de Paris; il me faudrait, pour cela, des connaissances spéciales qui me manquent absolument. Mais, en très-peu de mots, je puis faire justice des craintes exagérées et des lamentations que de petits Jérémie trop prompts à s'alarmer répandent dans la cité.

Je connais le chiffre des millions qu'a déjà coûtés la régénération de Paris. Je sais, par les documents produits partout, et pour lesquels on ne redoute pas la publicité, quelle est la situation de la ville ; mais ce que je connais également, ce sont ses revenus, qui s'accroissent sans cesse, et qui sont considérables ; ce que je sais aussi, c'est le crédit dont dispose l'administration de la ville de Paris auprès des plus riches banquiers de France et de l'étranger. Elle peut, si elle a besoin de leur concours, s'adresser à eux. Tous à l'envi mettraient à son service les ressources dont ils disposent, et considéreraient comme une opération très-sûre et très-lucrative la faveur de contracter avec elle. Si on était tenté, ce qui serait une tâche bien ingrate, de mettre en doute mon optimisme, il me suffirait, pour me donner raison, de rappeler de quelle façon peuvent être cotées à la Bourse les valeurs de la ville de Paris.

Malgré ces arguments décisifs, ceux qui contestent les opérations financières de la préfecture de la Seine n'en ont pas moins de succès lorsqu'ils accusent le préfet de prodigalité et d'imprévoyance. Il leur suffit d'insinuer que les administrés paient de lourds impôts. Ce mot magique transforme, aux yeux de tous ceux qui ne se sont pas rendu compte de la situation, leurs critiques en paroles d'Évangile. Le triomphe est complet si on ajoute à ces critiques qu'on en arrive où l'on prétend qu'on en est, lorsqu'un préfet est entouré d'un conseil municipal nommé par le gouvernement.

Un instant, messeigneurs ! Si j'ai déballé toutes les pièces de votre armure, je n'ai pas renoncé à trouver les visibles défauts de votre cuirasse.

Oui, la ville de Paris a fait depuis dix-sept ans des dépenses considérables qui l'ont engagée pour quelques années dans l'avenir; mais ces dépenses, je crois l'avoir démontré, étaient nécessaires, urgentes, indispensables. D'ailleurs, l'administration connaît déjà l'époque à laquelle elle aura soldé cet excédent. Si, pour réaliser cette libération, on a engagé quelques années dans l'avenir, qui pourrait contester la légitimité de cette combinaison ? La fortune d'une ville comme Paris ne doit pas être administrée comme la fortune d'un particulier. Nos pères nous avaient laissés dans une ville impossible, insuffisante, impropre à sa destinée nouvelle; nous avons dû la régénérer et en changer complétement l'aspect. N'est-il pas juste que ces dépenses énormes faites par une génération soient en partie payées par les générations futures, qui en profiteront autant que nous? On confond le conseil municipal de Paris avec un simple conseil de famille, et quand les esprits chagrins éprouvent le besoin de s'apitoyer sur le malheureux sort de la capitale, ils semblent oublier toujours que l'existence d'une ville a une plus longue durée que celle d'un individu.

Mais je veux poursuivre jusque dans leurs racines les plus profondes, jusque dans leurs ramifications les plus subtiles, les objections dirigées par tous nos Jérémie contre l'avenir financier de la ville. Ils disent que la ville de Paris s'est condamnée aux travaux forcés, en ce sens que du jour où elle arrêterait ses travaux et forcerait ses nombreux ouvriers à retourner dans leurs départements respectifs, elle verrait le produit de ses octrois diminuer considérablement, puisqu'alors ces octrois cesseraient

de percevoir les droits payés par les vivres et les matériaux consommés et absorbés par ces travailleurs. C'est là une de ces subtilités perfides, comme en trouveront toujours, dans le vaste domaine de l'économie politique, ceux qui voudront plaider en
faveur d'une thèse quelconque contre la réalité.

D'abord les travaux de la régénération de Paris ne sont pas
achevés, et ceux en cours d'exécution, comme ceux projetés, sont
d'une utilité tout aussi indispensable que ceux qui ont été opérés
depuis dix-sept ans. C'est donc aller trop vite en besogne que de
donner le signal du départ pour les ouvriers employés dans les
travaux de la ville. Les revenus de l'octroi se maintiendront longtemps encore au taux où ils sont, et quand on aura placé dans le
Paris restauré la dernière pierre et la dernière dalle, à ce même
instant cesseront pour l'administration de la ville de Paris des
dépenses considérables; d'ailleurs, la diminution des ouvriers
employés aux grands travaux de la ville s'opèrera graduellement,
et quant à l'amoindrissement que cette diminution ferait subir
aux recettes municipales, il sera tout à la fois compensé par
l'augmentation de la population et par l'abaissement des dépenses résultant du ralentissement des travaux.

Depuis que la question de la ville de Paris est pendante, elle a
donné lieu à de vives polémiques, qu'il serait impossible de mentionner toutes. J'ai choisi, c'est à dessein que je le répète, dans
ces longues controverses, les arguments qui m'ont paru les plus
sérieux, et en même temps les mieux accueillis par les esprits
encore assez nombreux qui n'approuvent pas sans réserve l'administration préfectorale de la Seine. Ainsi que je l'ai déjà fait
remarquer, le magistrat éminent que l'Empereur a placé à la tête
de cette administration a toujours résolûment marché, sans être
ni distrait de son but, ni découragé par les attaques. Il a, sur
Paris, qu'il doit connaître sinon mieux, du moins tout aussi bien
que ceux qui veulent lui enseigner ce qu'est la capitale de l'Empire, des idées arrêtées et originales en ce sens, que nul ne les

avait eues avant lui. Ces idées, M. le baron Haussmann les a fait connaître dans un discours très-remarquable qu'il prononça le 28 novembre 1864, à l'Hôtel-de-Ville, en procédant à l'installation du Conseil municipal. Impossible de définir avec plus de clarté, de précision, et de justesse, ce qu'est en réalité cette ville de Paris, qu'un ensemble de circonstances place dans une situation exceptionnelle et sans précédent. J'emprunte à ce discours, qui produisit une grande sensation lorsqu'il fut prononcé, le passage suivant.

Après avoir rappelé à MM. les Conseillers qu'ils tenaient leur mandat d'un décret de l'Empereur et non de l'élection, M. le baron Haussmann s'exprimait ainsi :

« L'organisation municipale de Paris ne peut être établie sur « l'élection et le suffrage universel, comme celle des autres com-« munes de l'Empire. Ici, l'exception est une nécessité ; elle « constitue même la règle.

« En effet, Messieurs, est-ce bien, à proprement parler, une « commune que cette immense capitale? Quel lien municipal « réunit les deux millions d'habitants qui s'y pressent ? Peut-on « observer entre eux des affinités d'origine? — Non. La plupart « appartiennent à d'autres départements; beaucoup à des pays « étrangers, où ils ont conservé leur parenté, leurs plus chers « intérêts, et souvent la meilleure part de leur fortune. Paris est « pour eux un grand marché de consommation, un immense « chantier de travail, une arène d'ambitions, ou seulement un « rendez-vous de plaisir; ce n'est pas leur pays. Des jeunes gens, « accourus de tous les points du monde, y viennent suivre des « classes, des écoles préparatoires, des cours de facultés, ou étu-« dier une profession dans les bureaux de la finance, dans les « magasins du commerce, dans les ateliers de l'industrie; mais « c'est pour le plus grand nombre un lieu de passage : leur fa-« mille, leur maison paternelle, leur commune sont ailleurs. Des

« ouvriers, par centaine de mille, affluent à Paris, pour chercher
« des salaires élevés, et amasser un pécule qui leur permette de
« se retirer ensuite chez eux. Parmi ceux qui restent, s'il en est
« beaucoup qui arrivent par le travail, l'ordre et l'économie, à
« se faire une situation honorable dans la ville ; si plusieurs même
« s'élèvent jusqu'aux premiers rangs de l'industrie et s'ouvrent
« l'accès de toutes les positions, comme le prouveraient au besoin
« les listes anciennes et la liste nouvelle du Conseil municipal ;
« d'autres, en trop grand nombre, ballottés incessamment d'ateliers
« en ateliers, de garnis en garnis, ayant pour tous foyers les lieux
« publics, pour toute parenté le bureau de bienfaisance, auquel
« ils s'adressent dans le malheur, sont de véritables nomades au
« sein de la société parisienne, absolument dépourvus du senti-
« ment municipal, et ne retrouvent au fond de leur cœur le sen-
« timent de la patrie, que dépouillé de ce qui le précise, le guide
« et l'épure chez les populations sédentaires. Je ne parle pas du
« grand nombre de fonctionnaires arrivés par avancement au
« centre de l'administration publique, ni des hommes d'intelli-
« gence que leur talent, leur génie ou leurs illusions amènent
« dans l'immense ville, pour y conquérir la renommée ou la for-
« tune, mais qui ont leur point de départ et le but de leur vie
« en province. Ceux-là sont, pour la cité parisienne, quand elle
« peut les retenir, de précieuses acquisitions. Mais je ne saurais
« oublier cette masse, toujours renouvelée, de personnes déclas-
« sées, de gens à bout de ressources, d'inventeurs de combinaisons
« plus ou moins chimériques ou dégagées de scrupules, que pous-
« sent vers ce grand centre de population le besoin de l'oubli, un
« espoir vague de succès et de médiocres desseins. Voilà malheu-
« reusement quelques-unes des variétés de la population étran-
« gère à Paris, qu'y versent chaque jour les têtes béantes des
« chemins de fer, dont les cent bras attractifs s'étendent et se ra-
« mifient sur toutes les parties de la France !
« Au milieu de cet océan, aux flots toujours agités et renouve-

« lés, il y a une minorité, *considérable sans doute*, *de Parisiens*
« *véritables*, qui formeraient, si l'on pouvait les discerner et les
« saisir, l'élément constitutif d'une commune; mais, isolés les
« uns des autres, changeant avec une extrême facilité de loge-
« ments et de quartiers, ayant leur famille dispersée sur tous
« les points de Paris, ils ne s'attachent guère à la mairie d'un
« arrondissement déterminé, au clocher d'une paroisse particu-
« lière. Quel moyen auraient-ils, d'ailleurs, de se reconnaître et
« de s'entendre sur les vrais intérêts communaux ?

« Et alors même que les Parisiens proprement dits seraient, par
« quelque privilége renouvelé des temps du moyen-âge, mis en
« mesure de se retrouver dans la ville, de se grouper pour choisir
« des mandataires chargés de leurs intérêts communaux, sau-
« raient-ils toujours se tenir en dehors du vaste courant qui en-
« traîne fatalement ici le suffrage universel vers le côté politique
« des questions ?

« Non, certes, par la composition de sa population, Paris ne
« peut être considéré comme une commune. C'est tout autre
« chose : c'est une capitale.

« Paris appartient à la France entière. C'est le centre de la
« puissance publique, le séjour du Souverain, le siége de tous
« les grands corps de l'État et de presque toutes les institutions
« nationales. Tout y aboutit : grandes routes, chemins de fer,
« télégraphes. Tout en part : lois, décrets, décisions, ordres,
« agents. Les énergiques moyens de centralisation organisés à
« Paris, de siècle en siècle, par les divers gouvernements, en
« ont fait l'âme de l'Empire.

« Paris, » comme l'a dit l'honorable rapporteur de la loi du
« 5 mai 1855, « est la centralisation même. »

« A Paris, se rencontrent en même temps et se développent,
« par un mutuel contact, toutes les intelligences, toutes les
« activités de la nation : c'est le foyer des lettres, des sciences,
« des arts ; c'est là que s'élaborent les idées, que s'exaltent les

« sentiments publics ; que l'opinion, avec ses lumières, ses pé-
« nétrations subites, souvent aussi avec ses erreurs, ses égare-
« ments, naît et grandit en une heure, pour exercer au loin une
« irrésistible influence.

« N'est-il pas évident, dès lors, que, de tous les actes d'admi-
« nistration purement municipale en apparence qui peuvent
« s'accomplir dans une telle cité, il n'en est presque pas un seul
« qui ne touche à quelques égards le Gouvernement, la nation
« même, ou des intérêts de telle importance qu'ils se confondent
« à peu près avec l'intérêt public ?

« L'ordre de cette cité-reine est une des premières conditions
« de la sécurité générale ; sa splendeur rejaillit sur tout le pays ;
« le bien-être de la population qui y passe importe à presque
« toutes les familles de France, et n'est point indifférent à la
« paix publique ; la facilité de ses accès est une nécessité pour
« toutes les productions des départements qui affluent sur ce
« grand marché ; la commodité des points où se concentrent les
« approvisionnements, où s'opèrent les transactions, l'installa-
« tion convenable de tous ses établissements d'instruction, le
« style même de ses monuments publics, tout excite l'attention,
« contrarie ou satisfait des vœux ou des intérêts, dans la France
« entière.

« L'État, d'ailleurs, intervient plus ou moins indirectement
« dans les affaires de la Ville : il concourt non-seulement à l'em-
« bellir par les palais et les monuments qu'il y élève, par les
« fondations et les musées qu'il y entretient, mais encore par
« une participation permanente aux dépenses de certains ser-
« vices, tels que la Garde de Paris, la police locale, l'entretien
« du pavé, et enfin, par des subventions applicables aux entre-
« prises d'édilité qui dépasseraient les forces contributives de la
« population comprise dans l'enceinte municipale. Cette inter-
« vention, ce perpétuel concours, suffiraient pour révéler le lien
« intime qui unit, à Paris, l'intérêt municipal à l'intérêt général.

« Comment donc livrerait-on la gestion d'affaires dans les-
« quelles l'État, la nation, sont si étroitement engagés, à un
« corps émané d'une élection locale, avec ses vues relativement
« étroites, égoïstes, et ses chances de changements et de caprice?
« L'organisation indépendante de la municipalité de Paris, sous
« quelque forme qu'elle soit conçue, ne serait autre chose que
« la création d'un État dans l'État!

« Il y a bien paru en d'autres temps. Je passe sur les exem-
« ples des siècles anciens, qui virent l'organisation bourgeoise de
« la cité parisienne se former et fonctionner assez régulièrement,
« tant que la commune fut de peu d'importance; puis, se déve-
« lopper à mesure que grandissait la capitale; prendre part aux
« affaires d'Etat, aux guerres civiles, aux désordres publics; por-
« ter ombrage à la royauté; subir des défaites; se reconstituer à
« demi; ne plus conserver à la fin que l'apparence d'elle-même,
« et devenir, sous une forme abusive, mais pour des raisons pro-
« fondes, une sorte d'émanation de la puissance royale. Encore
« moins ferai-je l'histoire trop connue de la fameuse Commune de
« Paris, dominant et terrifiant les représentants de la nation et
« la nation même, jusqu'à ce que sa dictature vînt à succomber
« sous un décret de la Convention, qui attribua à ses propres
« comités toutes les branches de l'administration du départe-
« ment de la Seine et de la ville de Paris.

« La République tombait ici, selon son usage, d'un excès dans
« un autre. Après avoir mis l'État à la merci des maîtres de la
« Ville, elle supprimait la Ville et l'absorbait dans l'État. Quoi-
« que ce dernier parti fût moins imprudent, moins contraire à la
« nature des choses que le premier, il ne faisait que substituer
« un despotisme à un autre.

« Quelque chose d'analogue se reproduisit en 1848. Pendant
« la durée de la monarchie de Juillet, on avait essayé d'une mu-
« nicipalité fondée sur l'élection restreinte et privilégiée. Il en
« était résulté un Conseil plus modéré sans doute que s'il fût

« émané du suffrage universel, mais dont les membres étaient
« ordinairement élus sous l'action des partis politiques, for-
« mant trop souvent obstacle aux vues intelligentes et fécondes
« de l'administration, divisés, dans les questions de pure édi-
« lité, par des intérêts exclusifs de quartiers. Les révolution-
« naires de 1848, après avoir substitué le suffrage universel à
« l'électorat censitaire, comprirent qu'un conseil municipal élec-
« tif, dans les conditions nouvelles, serait bien plus politique,
« bien plus dangereux, bien plus divisé que celui du régime
« tombé. Ils chargèrent de l'administration de la Ville et du Dé-
« partement un des membres du Gouvernement même, investi
« des fonctions de Maire de Paris. C'était de la centralisation au
« plus haut degré. C'était encore l'exagération de ce principe,
« vrai au fond, que dans la capitale d'un grand empire, l'intérêt
« local doit se subordonner à l'intérêt général.

« Chez la plupart des nations de premier ordre, la capitale est
« soumise à un régime exceptionnel, qui varie selon les mœurs et
« la constitution de chaque pays. En Amérique même, il en est
« ainsi du district de Colombie, siége de la Présidence et du Con-
« grès, qui ne jouit pas d'une véritable autonomie, parce qu'il
« est considéré comme la propriété commune des États-Unis, et
« auquel un scrupule emprunté à la logique la plus absolue, au
« radicalisme le plus excessif, *refuse même le droit de nommer des*
« *députés.* Il n'est donc pas surprenant qu'en France, ce pays de
« centralisation et d'ordre, la Capitale, qui est une des plus
« grandes villes du monde, qui contient la dix-huitième partie
« de la population totale de l'Empire, ait été presque constam-
« ment placée, quant à son organisation communale, sous un
« régime exceptionnel, et que, particulièrement, l'élection des
« conseillers municipaux n'y ait été pratiquée qu'à d'assez rares
« intervalles, et toujours avec de graves inconvénients ou de
« grands périls.

« Sous le régime de la loi organique de 1855, l'origine des

« pouvoirs du Conseil municipal ne lui permet pas de devenir
« l'instrument d'un antagonisme systématique entre les intérêts
« plus ou moins bien compris de la Ville et les intérêts de l'État.
« Mais la profonde sagesse qui a inspiré cette loi et qui en suit
« l'exécution a maintenu, d'une manière efficace, la person-
« nalité de la Ville. »

Ce document important touche avec une habileté incontestable
aux questions les plus graves et les plus importantes. Il me dispense
d'expliquer bien des choses que je n'aurais certes pu exposer avec
ce grand talent. J'écarterai tout d'abord la question relative à
la nomination par l'Empereur, et non par le suffrage universel,
des membres du Conseil municipal de la ville de Paris. C'est en
vain que chaque année les députés de la gauche présenteront un
amendement pour faire le siége de la loi qui a consacré cette
exception. Cette question me paraît tranchée d'une façon con-
cluante par ce discours du préfet et par un autre discours auquel, au besoin, je pourrais renvoyer le lecteur, prononcé la
même année au Corps législatif par M. Granier de Cassagnac.
On verrait, par l'historique de la question établi dans ce discours, que les hommes qui revendiquent le droit commun sont
précisément solidaires de ceux qui, en 1848, ont rétabli et consacré l'exception.

Mais je veux reprendre, dans ce langage éloquent et élevé
de M. le baron Haussmann, deux ou trois points, arguments à l'aide desquels j'espère prouver que le Paris que nous
voyons surgir en ce moment exige un système administratif
tout spécial et quelque peu différent de celui auquel il a pu
être soumis jusqu'à ce jour. Je ne me dissimule pas que j'a-
borde là un sujet fort épineux et fort délicat. J'espère me faire
absoudre de ma témérité, en demandant ma conclusion non aux
déductions faillibles de mon esprit, mais à des faits, uniquement
à des faits dont l'influence imprévue par le législateur appelle

certaines réformes, certaines innovations qu'il n'était pas donné à la sagesse humaine de prévoir, et que la marche du temps seule pouvait conseiller à la raison.

La question que j'examine est complexe et par conséquent doit être envisagée sous ses aspects différents. M. le baron Haussmann, analysant les éléments dont se compose la grande ville, constate que dans les deux millions d'habitants, chiffre presque atteint par l'agglomération parisienne, les Parisiens *purs* sont en minorité. C'est sur l'implacable statistique qu'il s'appuie pour prouver l'exactitude de son assertion.

Ces Parisiens, isolés et perdus dans la foule, n'ont aucun moyen de se compter et de se grouper. Pour eux la commune n'existe pas. On en a beaucoup voulu à M. le baron Haussmann d'avoir mis en relief, en traits si saisissants, cette singularité, et on a trouvé mauvais que lui, préfet de Paris, niât en quelque sorte l'existence des Parisiens, dont la race serait perdue.

Toutes ces obstinations, tous ces traits d'esprit ne sauraient ni me toucher ni me convaincre. Ils ne sont d'ailleurs tolérables et possibles, que parce qu'on les abrite derrière un malentendu qu'il est plus que temps de dissiper. Ce malentendu, le voici :

On dit sans cesse au gouvernement, dans les journaux d'une certaine nuance, que les départements sont jaloux des faveurs immenses qu'on accorde à Paris, et on ajoute que Paris lui-même ne se trouve point satisfait, puisque aux dernières élections il a envoyé au Corps législatif neuf députés de l'opposition. On ajoute que, pour conjurer ce revers, M. le baron Haussmann a pris le soin, sinon de conseiller, tout au moins d'insinuer dans son discours, d'avoir recours à un remède héroïque, consistant à priver Paris du droit de nommer des députés, ainsi que cela a lieu aux États-Unis d'Amérique, dans le district où siégent la Présidence et le Congrès.

Il suffit de méditer avec soin le passage du discours de M. le baron Haussmann que je viens de citer, pour reconnaître que telle n'a jamais été sa pensée; mais il ne faut pas se le dissimuler, toute la question est là. C'est aussi là que se trouve placé le malentendu dont je parlais tout à l'heure.

Oui, Paris appartient au parti de l'opposition ou plutôt au parti de la contradiction; mais il lui appartient, parce que le gouvernement de l'Empereur n'a pas voulu, jusqu'à présent du moins, se servir des moyens légaux et légitimes à l'aide desquels il pourrait le reconquérir et le disputer à ses adversaires politiques. Ce moyen est bien simple, et si on l'employait, il ne pourrait être ni attaqué ni critiqué par ceux qu'il viendrait atteindre directement.

Il faudrait tout simplement ajouter un paragraphe aux articles 12 et 13 du décret organique du 2 février 1852, qui dirait que le domicile politique à Paris ne peut être acquis que par *quinze mois* de résidence. Les motifs sérieux abondent pour justifier cette exception à la loi électorale. Paris est, je suis forcé de le rappeler sans cesse, une ville placée dans des conditions uniques. La plupart de ceux de ses habitants qui exercent le droit de voter n'y ont qu'un pied-à-terre, et n'y sont point installés dans les conditions qui constituent un domicile réel et sérieux, lequel seul devrait conférer le droit de suffrage. Ceux qui appartiennent à cette nombreuse catégorie n'y sont en quelque sorte que de passage, et n'ont aucune intention de s'y fixer.

Si on examine de près les choses, on ne tarde pas à reconnaître que c'est précisément pendant la période agitée, aventureuse et turbulente de son existence (qu'on ne prenne pas ces expressions en mauvaise part), que l'homme réside à Paris. Les uns viennent étudier, les autres apprendre une profession; d'autres enfin, qui font leur tour de France, s'y arrêtent un peu plus longtemps qu'ailleurs. Cherchez-les plus tard dans l'endroit où ils se seront définitivement fixés et établis, et vous constaterez que tous ces jeunes téméraires qui appartenaient à l'opposition, alors qu'ils habitaient momentanément Paris, sont devenus, en province, de sages et honorables conservateurs.

Le suffrage universel est un droit qui ne saurait être contesté, mais si j'en crois le témoignage d'Aristote et de M. Jules Simon lui-même, dans son livre du *Devoir*, il n'y a pas de droit qui ne soit escorté de deux devoirs. Or le droit de suffrage, sans être pour cela contesté, ne doit cependant pas être obtenu sans garanties. Le droit de voter impose le devoir d'avoir un domicile. Et d'ailleurs c'était là l'opinion des plus fougueux républicains de la révolution de 1789, qui, toutes les fois qu'on discuta dans les assemblées les lois électorales, ont dit qu'on devait être plus sévère et plus rigoureux en statuant sur les qualités de l'électeur qui confère le mandat, que sur celles de l'élu qui le reçoit.

Il faut aller tout de suite au-devant des objections, et prouver qu'en introduisant dans la loi cette exception pour Paris, on ne porterait aucune atteinte au principe du suffrage universel. Ce droit est la prérogative la plus considérable attachée à la qualité de citoyen. Or, je le demande aux esprits impartiaux, ces demi-nomades qu'on a admis jusqu'à présent sur les listes électorales possèdent-ils sérieusement toutes les qualités essentielles et exigées par la loi, sinon dans sa lettre, du moins dans son esprit, pour accomplir cet acte politique? Je ne le pense pas, et je crois qu'on pourrait leur refuser cette faveur sans porter atteinte au principe inviolable et sacré du suffrage universel. J'ajouterai que plus le nombre des repoussés serait grand, plus serait motivée et justifiée la réforme que je demande.

En procédant ainsi, on restituerait au suffrage universel à Paris sa véritable signification. Cette exigence nouvelle écarterait du scrutin ceux qui ne sont Parisiens à aucun titre, qui ne sont pas la majorité, mais qui, en réalité, la décident et la fixent par l'appoint qu'ils apportent au parti radical. Opérons cette réforme, et alors les Parisiens incontestables et authentiques pourront envoyer au Corps législatif des députés de leur choix, représentant plus fidèlement l'opinion de la grande ville.

Une exception introduite dans une loi n'est pas une rareté. Notre législation en comporte d'innombrables qui, certes, ne sont pas aussi nécessaires que celle que je recommande en ce moment.

Cette exception, d'ailleurs, est justifiée par la personnalité originale, complexe et presque inqualifiable de Paris. Ce serait en effet perdre son temps que de rechercher dans l'histoire des temps anciens ou des temps modernes une ville ayant quelque analogie, quelque point de ressemblance avec le Paris actuel, et surtout avec le Paris futur dans lequel nous allons entrer par la force même des choses. Il n'y a que des archéologues endormis ou désœuvrés qui pourraient songer à comparer le *Paris imprévu* qui se lève avec ce qu'ont été, ou n'ont pas été dans le passé, les grandes villes dont il surpasse tant, d'ailleurs, les merveilles et les splendeurs.

Il était réservé à la France, le pays de toutes les originalités, de posséder cette ville sans pareille dans laquelle toujours, au dire d'Henri Heine, s'agitent les comédiens ordinaires du bon Dieu ; cette cité étrange, qui en est encore à chercher les lois, les règlements et les institutions qui doivent la gouverner, et en faire, contrairement à son passé et à ses fausses traditions, un élément de conservation. Au siècle dernier, des Vandales ont mutilé ses monuments et brisé ses statues. Il faut la mettre à l'abri du retour de pareilles saturnales, et concilier, ce qui est très-facile, l'excessive liberté sans laquelle elle ne saurait vivre avec l'ordre parfait qui lui est tout aussi nécessaire. Il ne faut pas que Paris conserve, ainsi que le constatait avec tant de justesse un publiciste célèbre de 1792, le monopole des révolutions.

On aurait conjuré en grande partie tous les périls que les pessimistes entrevoient en modifiant la loi électorale. Et puisque je me suis laissé doucement glisser sur la pente qui conduit à l'Aréopage, pourquoi, en terminant, ne dirais-je pas toute ma pensée ? Il est si doux de *légiférer !*

Le préfet de la Seine devrait avoir une situation exceptionnelle comme celle de la grande ville qu'il administre et qu'il
métamorphose. Il devrait pouvoir siéger au conseil des ministres,
et prendre la parole dans l'enceinte de toutes les assemblées pour
défendre ses actes. S'il en était ainsi, on l'attaquerait moins, et
je ne sais pas pourquoi je suis sûr d'avance qu'il pourrait sé me-
surer, à armes égales, avec l'habile, le fécond et le subtil adver-
saire qui lui fait la guerre depuis dix ans, et qui en toute occasion semble disposer à lui seul de l'esprit de Paris tout entier.

La préfecture de la Seine qui, par son importance, est de
fait un ministère, en serait un réellement. Le préfet, secondé par
les prérogatives inhérentes à cette promotion, renforcerait son
administration, et s'entourerait de directeurs réellement géné-
raux qui seraient mis à la tête de ces grands services que l'é-
rection de la préfecture en ministère y rattacherait inévita-
blement.

Cette modification ne porterait ombrage à personne et don-
nerait satisfaction à une foule de dévouements et de bonnes vo-
lontés.

Ce Paris nouveau, compliqué, formidable qui s'est substitué
à l'ancien, ne saurait, comme celui qu'il remplace, être soumis
au même mode de réglementation. Il lui faut des institutions
nouvelles en harmonie avec son accroissement. Il importe surtout qu'il soit isolé et séparé, administrativement parlant, du
reste de l'Empire. Si on n'opérait pas cette séparation, il resterait
à l'état d'obstacle permanent opposé aux efforts des esprits élevés et libéraux qui cherchent à résoudre l'embarrassant problème
de la décentralisation. Hélas! il faut avouer que l'achèvement
des chemins de fer et l'établissement de la télégraphie électrique
ne sont pas précisément des facilités apportées à cette solution.

Il importerait surtout de réviser certaines ordonnances encore
en vigueur, qui datent de l'époque du couvre-feu, et que le régime des chemins de fer a en réalité fait tomber en désuétude.

Je fais particulièrement allusion aux règlements qui s'appliquent, pour la nuit, aux établissements publics. L'activité humaine a aboli la nuit. On ne doit pas la distinguer du jour, puisqu'elle a comme lui ses travailleurs. On pourrait, au temps du couvre-feu, conseiller et prescrire à des habitants de dormir, parce qu'on ne savait pas éclairer les rues, et parce que tout travail cessait au coucher du soleil. Mais à présent tout est changé, et c'est par milliers qu'on pourrait compter les ouvriers qui ne peuvent travailler que la nuit, et les voyageurs que les chemins de fer amènent à Paris, alors que le soleil ne brille pas à l'horizon.

Toutes ces modifications sont le corollaire nécessaire de la métamorphose matérielle de ce Paris, qui, pendant une longue série de siècles, ne cessera d'être appelé

LE PARIS DE NAPOLÉON III.

Paris.—Imprimé chez Jules Bonaventure, quai des Grands-Augustins, 55.

www.ingramcontent.com/pod-product-compliance
Lightning Source LLC
Chambersburg PA
CBHW061707060726
47597CB00006B/2230